早稲田教育ブックレット No.29

早稲田大学教育・総合科学学術院 オンライン授業の現在地
―学生による自由記述の分析から

オンライン教育を問いなおす
―プロジェクトの概要　濱中淳子

いまの学生たちはオンライン授業にどう向き合っているのか
―キーワードにみる特徴　木元千尋　劉　琦

何が学生たちのオンデマンド授業の評価を左右しているのか　渡邊泰斗　神内真利恵　劉　阳

進むのか。戻るのか
―行き詰まる大学授業形態　小出　素

変わる大学・変わらない大学　八木悠太

オンライン授業からハイブリッド授業へ　森田裕介

フリーディスカッション　濱中淳子　森田裕介　八木悠太　林　佳輝　金子綾香

オンライン教育を問いなおすープロジェクトの概要

早稲田大学教育・総合科学学術院教授　濱中　淳子

私からは、この講演会の土台となっているプロジェクトの概要について説明したいと思います。二〇二〇年の春、新型コロナウイルス感染拡大を背景に、早稲田大学でも全面オンライン教育への切り替えが試みられました。ここに当時のことを振り返るためのデータがあります。早稲田大学大学総合研究センターが二〇二〇年度の春・秋学期と二回実施した調査のデータです。まず、オンライン教育への満足度からみれば、春学期に「満足している（満足している＋まあまあ満足している）」と回答した学生は春学期で三一・八％だったのが、秋学期には五二・一％に上昇していました。また、学生たちがオンライン教育のどこに改善点を見出しているのかという点を確かめると、「課題の多さ」「身体的な疲れ」「孤立感」といった点に回答が集中していました。なお、以上は早稲田大学全体の結果ですが、教育学部・教育学研究科のみを抽出し、データを整理しても、傾向は変わりません。

さて、ここでプロジェクトの説明に入りますと、オンライン授業にも慣れ、対面授業も戻ってきたいま、オンライン授業の現状や課題を問いなおすために始めたものになります。検証の切り口として設定したのは「学生による評価」です。学生たちはオンライン授業に対してどう考えるようになったのか。この問いについて、調査者側が作成した項目が並ぶ形式ではなく、自由記述形式で答えてもらい、しかもそのデータを学生自身に学生ならではの視点から分析してもらうことにしました。設定した質問項目は大きく四つあります。

（一）あなたがこれまで受講したオンライン授業で最も良かったと思うものを思い浮かべてください。その授業はどのようなものであり、なぜ、それが良かったと思うのですか。

（二）あなたがこれまで受講したオンライン授業で不満を抱いたものを思い浮かべてください。その授業はどのようなものであり、なぜ、それに対して不満を抱いたのですか。

（三）あなたのこれまでのオンライン授業に対する態度についてお答えください。キーワードを一つ挙げるとすれば、どのようなものになりますか。なぜ、それをキーワードにしたのでしょうか。

（四）あなたは、大学入学から卒業（修了）までの教育はいかにあるべきだと思いますか。オンライン授業の観点を含めながら自由に記述してください。

調査は二〇二二年夏に教育学部・教育学研究科の学生を対象に実施し、一九三の回答が集まりました。分析参加希望の学生を募り、（一）と（二）についてはKH Coderを用いたテキストマイニング分析を行い、（四）についてはＫＪ法を用いた分析を試みました。ともに二〇～三〇人の学生が分析に参加してくれています。

本日の講演会は、その成果報告会です。どのような現状や改善点がみえてきたのでしょうか。オンライン教育の今後を考えるための手がかりとなることを期待しています。

いまの学生たちはオンライン授業にどう向き合っているのか
―キーワードにみる特徴

早稲田大学大学院教育学研究科（学校教育専攻）修士課程　木元　千尋

教育学研究科の学校教育専攻、修士課程一年の木元千尋と申します。私からは、「いまの学生たちはオンライン授業にどう向き合っているのか―キーワードに見る特徴」というタイトルで発表をさせていただきます。

本発表では、「二年前と比べて、学生たちのオンライン授業に対する態度はどう変わったのか。変わったとしたら、何が変わったのか」という観点から、オンライン授業をめぐる学生たちの実態を共有し、この後の発表へとバトンをつなぐことができればと思います。

では早速、今回私が分析の対象とした質問項目を確認します。質問項目は二つです。一つ目に、「あなたのこれまでのオンライン授業に対する態度についてお答えください。キーワードを一つ挙げるとすれば、どのようなものになりますか」。二つ目に、「なぜ、それをキーワードにしたのでしょうか」。キーワードとその選定理由、この二つの項目を対象に分析を行いました。回答結果には、非常に多様なキーワードが挙げられていましたが、同時に似たようなキーワードも複数ありました。キーワードの相違点と共通点を足掛かりに、実態を紐解いていきたいと思います。

最初に、学生たちの挙げたキーワードをプラスとマイナスの自己評価という観点から概観します。分類の際には、選定理由における内容の近いものを同じキーワードとして統合しています。全体に対してそれぞれが占める割合を確認すると、プラスのキーワードを挙げている学生が約五五％。マイナスのキーワードを挙げている学生が約三二％でした。

更に、具体的にどのようなキーワードが全体を占めているのかを見ていきます。プラスの中では「楽」「リラックス」といったキーワードが最も多く一〇％、「積極性」が九％、そして「便利」が八％を占めていました。マイナスでは、「怠惰」、「集中力・意欲の低下」、そして「受動的」といったキーワードがそれぞれ八％を占めていました。

次に、選定理由を参照しながら、キーワードの先にある学生たちの変化へと解釈を進めていきたいと思います。

まず、マイナスのキーワードを挙げた学生の特徴的な選定理由を三つ取り上げます。「受動的」を挙げた学生は、「一方的な授業になりやすく質問しづらいことやグループワークを行うことが難しいから。オンラインの授業では、自分で考える時間やグループワークの時間があまりないため、授業の内容に対して能動的に考える機会が少ないと感じた」。「怠惰」を挙げた学生は、「オンラインであると対面より緊張感もなく一人の時間が多いため、だらける時間は少なくなかった。また、オンデマンドであれば動画視聴を先延ばしにしてしまうなど自分に対して甘くなる場合が多かった」。そして最後に「続かない集中」を挙げた学生は、「自宅で受けることが多かったため、ディスカッションがなく受動的な講義では緊張感が薄れるため」。このような理由が記述されていました。

これらを踏まえて、最初に確認したキーワードに立ち返ると、次の二点を指摘できるのではないかと思います。第一に、二年前に挙がっていた、授業に対する不満要素である「疲労感」や「技術的な不安」が後退しています。第二に、授業内容や方法といった、学びの質に関するキーワードが新しく出現しています。これら二つが、マイナスのキーワードから見えてきた学生たちの変化でした。さらに他のキーワードや記述を見ていくと、興味深いことが二つわかりました。

一つは、プラスとマイナスのキーワードを挙げた学生たちを隔てる壁は薄く、共通の問題認識が存在していることです。その根拠となるような特徴的な記述を三つ取り上げます。まず「積極的」を挙げた学生の、「オンラインは自分がだらけてしまうと誰も見る人がいないため、そのままになってしまう。そのため自分で積極的に学びに行かないといけないから」。「楽」を挙げた学生の、「好きな授業は前向きに参加することもできるし、好きではない授業はバレないようにサボることもできる」。「自主性」を挙げた学生の、「自ら学ばないと何も得ることができない。ただ動画を流しておくのも可能だから」。これらの記述から、プラスのキーワードを挙げている学生もマイナスのキーワードを挙げる学生と同じように、オンライン授業のサボりやすさやだらけやすさといったことを認識していることがわかります。

もう一つは、大学生活の中心が変化していることです。これも特徴的な記述を三つ取り上げます。「怠惰」を挙げた学生の、「受ける時間、場所を選ばず拘束がないことから後回しにしてしまい、結局、週の最終日あたりに一気に消化することになってしまっているから。オンライン授業を受講するよりもむしろ他の遊びやアルバイト、サークルを優先してしまう」。「便利」を挙げた学生の、「就職活動など他の活動と並行して授業を受ける場合、柔軟性のある授業だと調整がしやすい」。最後に、同じく「便利」を挙げた学生の、「オンラインはどこでも受講することができ、柔軟なライフスタイルを実現できる」。このような記述からわかるのは、オンライン授業によって、「授業」が中心の大学生活から「学生自身」「自分」が中心の大学生活に変わってきているということです。

最後に、以上に見てきたことを整理します。キーワードの分析からわかったのは、オンライン授業をめぐる学生たちの二つの変化でした。一つ目に、場所や時間の自由なオンライン授業の日常化によって、大学生活の中心が「授業」から「自分」へと移っていることです。二つ目に、対面授業が再開したことによって、多くの学生たちが授業の内容や方法といった学びの質に関する観点を持つようになっていることです。これらの変化は、今の学生たちの授業に対する評価が以前より厳しくなっており、ただ授業をオンライン化するだけでは不十分であることを示唆しているのではないでしょうか。授業をつくる側には、内容や方法の工夫によって学びの質を高めていくことが求められているのかもしれません。ご静聴ありがとうございました。

何が学生たちのオンデマンド授業の評価を左右しているのか

早稲田大学大学院教育学研究科（教育基礎学専攻）博士課程　劉　琦
早稲田大学大学院教育学研究科（社会科教育専攻）修士課程　渡邊　泰斗
早稲田大学大学院教育学研究科（学校教育専攻）修士課程　神内真利恵
早稲田大学大学院教育学研究科（学校教育専攻）修士課程　劉　阳

私たちは、「何が学生たちのオンデマンド授業の評価を左右しているのか」という点を、アンケートの自由回答記述を計量テキスト分析することによって明らかにすることを試みます。本報告は、分析対象をオンデマンド授業と限定していますが、それは先のアンケート結果を学年別および授業経験別にクロス集計したところ、そのほかのリアルタイム形式や対面形式よりも、学年や授業経験によって評価が分かれていることが読み取れたためです。

本報告では、計量テキスト分析という方法を用います。これは、従来の伝統的な内容分析に基づきつつも、自然言語処理や統計解析といったコンピューターを用いた技術を活用して分析するものです。この方法によって、データの探索が可能になり、分析の信頼性が向上し、質的な内容分析の弱点を補うことができます。ここではKH Coderというソフトを用います。

アンケートの内容については、濱中先生にお示しいただきましたが、私たちの分析対象は、

- あなたがこれまで受講したオンライン授業で最も良かったと思うものを思い浮かべてください。その授業はどのようなものであり、なぜ、それが良かったと思うのですか。八〇字以上で自由に記述してください（字数の上限はありません）。ただし、これまでオンライン授業をまったく経験したことがない方は「経験なし」とのみ記載してください。
- あなたがこれまで受講したオンライン授業で不満を抱いたものを思い浮かべてください。その授業はどのようなものであり、なぜ、それに対して不満を抱いたのですか。八〇字以上で自由に記述してください（字数の上限はありません）。ただし、これまでオンライン授業をまったく経験したことがない方は「経験なし」とのみ記載してください。

です。傍線で付した通り、オンライン授業で良かったものと不満を抱いたものについて、それがどういうものであって、そのように考えた理由は何かという質問です。これらの質問に、どのような言葉を用いて答えているかが、そしてそこから何が読み取れるかが本報告の課題となります。

では、良かった授業についてです。この点を明らかにするために、第一に共起ネットワークを用いて言葉の関連性に注目し、第二に「オンデマンド授業」という言葉と関連している文章をもう一度整理し、それらをふまえて学年別の理由を検討しました。

第一の点について、図1に示した共起ネットワークをみます。丸の大きさが頻度を、色が関連性を示しています。そして、丸の間に引かれた線が太いほど関連性が強く、実線は点線より関連性が強いことを意味しています。

図1の中心付近にある「オンデマンド」と最も関連性を持っている集まりを見てみると、「講

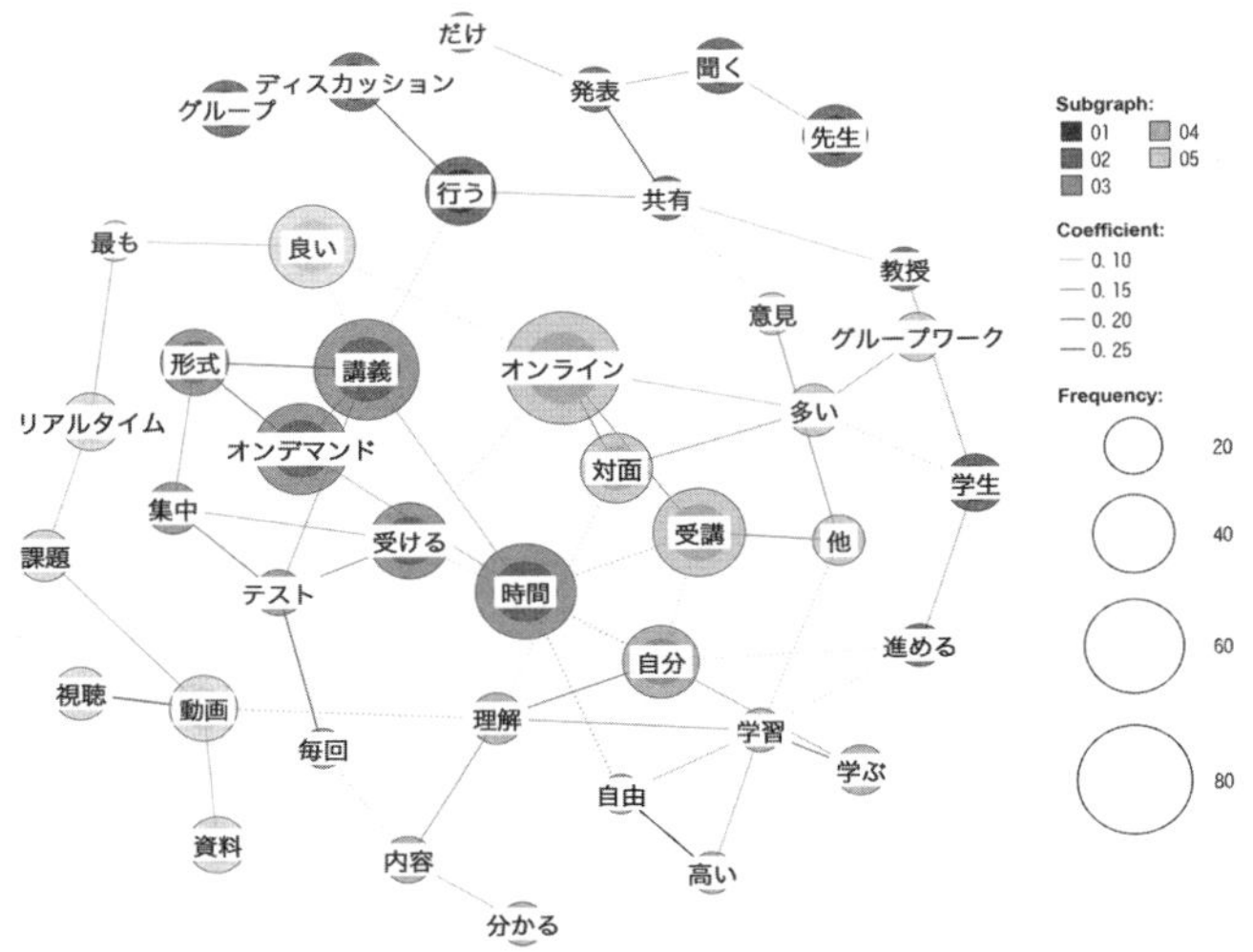

図１　「良かった授業」の共起ネットワーク

義」と「テスト」とあります。アンケートの結果から見ると、毎回の講義で小テストを設けているオンデマンド授業が高く評価されていました。また、右下に目を移すと、「オンデマンド」と「時間」「自分」「学習」「理解」などが結びついていることがわかります。早稲田大学教育学部・教育学研究科の学生たちは、主体的な学習がもたらす深い理解に至るための「時間」を求めているのではないでしょうか。

では、「深い理解」や「時間」、そして学年に留意して「オンデマンド」に関連する実際の回答を読んでみると、次のような傾向が見えてきました。まず、一・二年生は、さまざまな活動と両立させながら大学生活を送りたいという熱意から、通学時間を節約できるオンデマンド授業が評価されていること。また、ノートを取って知識を整理していくという高校時代の学習スタイルが温存されており、いつでも止めることができるという機能を評価していることです。

次に、三・四年生は、好きな時間に受講できるという点に魅力を感じているようです。就活活動に取り組んでいるという事情も考慮すれば、学習時間の自由度を求めているのでしょう。

そして、大学院生は、繰り返し見ることを評価しています。まさに、繰り返して見ることと深い理解を結びつけて考えているのでしょう。これは、毎回の小テストに言及している点からも裏付けることができます。

以上の点から、「いつでも」「どこでも」「好きなように」受講できるという点が評価されていると考えます。学生たちは、学習意欲を持っていて主体的な学習を求めています。この学習ニーズにどこまで応えることができるかが、評価を左右していると言えるでしょう。また、オンデマンド授業は空気を読む必要がないので、シャイな学生たちの不安も解消できるというメリットもあるかもしれません。

続いて、不満に思った授業です。こちらも先ほどと同じように共起ネットワークで抽出すると（図2）、「オンデマンド」に「講義」、「時間」、「動画」、「リアルタイム」といった良かった授業のときと類似したものが関連していることがわかります。ここで注目したいのは「だけ」や「のみ」という言葉が出ていることです。

実際の回答文章を読んでみると、不満の主な理由は、大きく二点にまとめることができます。第一に、時間とスピード。動画のスピードの調節ができないことや、見返すことができる時間が

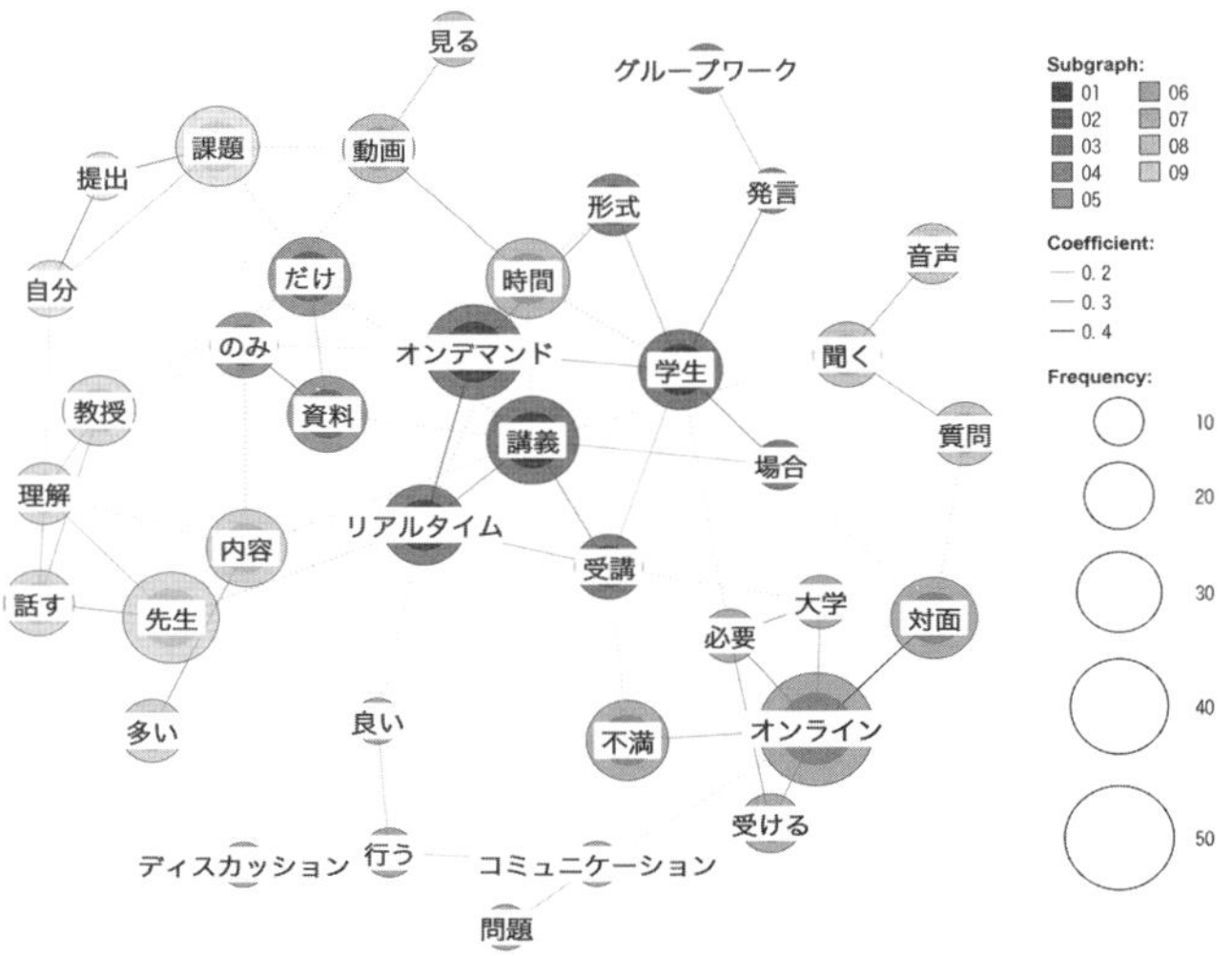

図２　「不満に思った授業」の共起ネットワーク

短いことなどです。これは、受講者の理解度に寄り添わないことを意味しています。第二に、「だけ」「のみ」の不満。映像だけ、授業者が読み上げるだけ、リポート提出のみなどです。また、動画が明らかに使い回しという不満点も複数ありました。

「だけ」や「のみ」という言葉が用いられる不満というのは、学年や授業経験にかかわらず結構頻出しています。この点に注目してみると、「リアルタイム授業で授業時間中ずっと教授が講義を行うという形式の授業。ただ、講義を行うだけであればリアルタイムの配信を行う必要はなく、オンデマンドで配信したほうがいいのではないかと思った」といった回答もありました。本報告はオンデマンドに限定したものですが、この意見は「だけ」「のみ」の不満がオンデマンドに限らないということを伝えているとともに、オンデマンドという授業形態に学生たちが何を求めているかが示唆されている点できわめて重要です。

さて、まとめてみると、良かった授業では、時間と場所の制限がないという形式面、そして、講義型が適している内容であること、理解度に寄り添っていることという内容面で、学生のさまざまなニーズに応じてオンデマンドの特性を大いに有効活用できていることが条件です。

そして、不満を抱いた授業では、説明したとおり、時間やスピード、動画の使い回しが駄目、質問ができないこと、そして、その他の「だけ」「のみ」型のデメリットが挙げられています。

以上の分析をふまえると、「いつでも」「どこでも」「好きなように」という受けられる形式を担保しているかどうかや、再生速度や資料の見やすさといった学生が受講する際の配慮ができているかどうか、そして、フィードバックを行って配信しっぱなしにしていないかどうかなど、複数ある授業形態からオンデマンド授業を主体的に選択する学生のニーズに応えているかということが授業の評価を左右していると、結論づけました。

以上、オンデマンド授業の評価を左右している要素を明らかにした上で、これから大学としてはオンデマンド授業に関する授業の説明、視聴の環境、フィードバックの技術サポート、教員としてはオンデマンド授業の内容の質的向上、学生のフィードバックによる授業調整などをより一層工夫する必要があるのではないのかと考えられています。

進むのか。戻るのか―行き詰まる大学授業形態

早稲田大学大学院教育学研究科（国語教育専攻）修士課程　小出　素

一　はじめに

本稿では、「あなたは大学入学から卒業・修了までの教育はいかにあるべきだと思いますか。」という問いに対する自由記述回答について、ＫＪ法を用いて分析し、結果から考察を行いました。主に、回答全体の把握、今後の授業形態への課題や要求についてを考察しています。

二　分析結果

右記の分析の結果、全体像（図３・図４）として、各回答は「オンラインにはオンラインの良さがある」、「オンラインはいろんな意味で〝受けやすい〟」としたオンライン授業肯定派と「やっぱり授業は対面がいい！」という意見群を中心とするオンライン授業否定派の対立関係、その間の「オンラインと対面の共存ＯＫ」、「オンライン授業なら大学・教員にも取り組みが必要」とした二つの中間的意見群からなる、大きな三群に分類・整理されました（本稿末尾図３・図４参照）。

二―一　オンライン授業肯定派（図3・左側）

オンライン授業肯定派は二つの大きな意見群からなり、一つ目の「オンラインにはオンラインの良さがある」は下位項目を二つ含みます。

①「オンラインとインプットは相性抜群」では、オンライン授業の適性が見えます。

・講義形式の授業や知識の取り入れはオンラインで十分。

・加えて、講義型の授業は繰り返し視聴や速度の調整が可能なオンデマンド型の授業が良い。

②「オンラインがより広い学びをもたらす」には学習の質や可能性の拡大への期待が表れます。

・オンラインの活用で資料配布等の手間が削減、効率化ができ学びの質が向上するのではないか。

・オンライン化により授業の選択肢が増え、興味を広げやすい。

・画面を介することで、むしろ質問や発言、議論がしやすく、声を上げやすくなる。

続いて、「オンラインはいろんな意味で〝受けやすい〟」も二つの下位項目からなります。

①「オンラインが授業のハードルを下げる」からオンラインによる授業の利便性向上が窺えます。

・オンライン授業の活用で、授業の人数制限や科目登録の撤廃、他大学の授業の受講など〝より多くの授業を受けやすくしてほしい〟という要望。

・移動時間や手間の削減によって、学習の機会の確保が容易になる。

・周囲の目線などによるストレスから解放され、精神的・身体的な負担が軽減される。

②「オンラインで楽ちん授業のチャンス」ではオンラインの学習以外の利点や注意点が見えます。

・オンライン上は教員の目が届かない場ができる、一限の授業でも早朝からの準備や移動が必要なく受けやすいなど、対面よりも楽に、ある意味、授業の手抜きもできる。
・移動等の短縮によりアルバイトやサークルなど授業外の活動に費やせる時間的な余裕ができる。
・右記2つの意見に対し、〝受動的になりやすいオンライン授業では、学生自身が自分を律する主体性や自律心といったものが必要だ〟とする、一種の注意喚起とも取れるような意見。

二―二　オンライン授業否定派（図3・右側）

オンライン授業否定派は「やっぱり授業は対面がいい！」と、それを支持する「オンライン授業が人間関係の壁に」からなり、「やっぱり授業は対面がいい！」は、二つの下位項目を持ちます。

①「対面でしか得られないモノがある」から、対面授業を求める理由が読み取れます。
・対面で生の声や熱量を感じられる方が刺激が多く、言葉も伝わりやすい。
・授業内容に関する付加知識や思わぬ逸脱など、対面ならではのおまけ知識を期待する。
・学内施設の使用や早稲田ならではの学生生活を送れなければ、入学した意味がない。

②「授業は対面のほうが良い」では、対面授業への直接的な要望の存在が認められます。
・全授業を対面に、などと対面授業の強い希望。
・できる範囲で対面に、などなるべく多くの授業を対面にしてほしい。
・学部一年生・学部生など、低学年ほど対面であるべきではないか。

○「オンライン授業が人間関係の壁に」は、対面授業の希望を支持する意見と捉えられます。

・オンライン授業が学生同士の交流、留学生同士の文化交流を妨げている。
・画面越しでは、授業の雰囲気や相手の様子が不明瞭で発言や意見交換は難しい。

ここまでの分析から、オンライン授業への肯定意見と否定意見による大きな対立が見えます。

二―三　中間意見（図4）

この対立の間に中間的な二つの意見群があり、一つが「オンラインと対面の共存ＯＫ」です。

①「オンライン・対面双方に利点がある」に学生目線の双方の利点や授業認識の実態が窺えます。

・対面とオンデマンドの組み合わせ、使い分けで効率化が図れ、学習効果も上がるのではないか。
・インプットはオンライン、アウトプットは対面が適しており、効果的に作用する学習は異なる。
・加えて、大学の授業で重要なのは学生への負荷、卒業できるか否かなどであり、これらから大学教育において授業形態を重視しない学生もいると考えられます。
・オンライン授業の急激な拡充を、今後の在宅学習・勤務への円滑な移行の契機と捉えるべき。

中間的な意見の二つ目が「オンライン授業なら大学や教員にも取り組みが必要」です。

①「大学教員にも責任があるはずだ」より、学生から大学や教員への不満・要望が見えます。

・教員には授業形態の選択理由の説明が不足している。
・大学側の支援は不十分。機器トラブル対応、学生毎に受講形態の偏りの配慮などに取り組むべき。
・加えて、オンラインこそ、教員には学生をより授業に引き込むための力量や授業態度が必要。

三　まとめ・考察

分析の結果、全回答の七割以上がオンライン授業肯定派・否定派に配置され、二つの意見群による大きな対立関係があること、また、対面授業に対する強い要望が一定数、確かに存在していることが見えました。この対立の中では、今後の方針としてオンライン授業を活用したデジタル化を加速させることも、対面授業中心のアナログ形式回帰もどちらも選び難く、授業形態の議論には行き詰まりが予測されると考えます。

そこで、この行き詰まりの打開策となるのが肯定派、否定派の対立の間に立つ中間的な意見ではないでしょうか。先述の通り中間的意見には、オンライン授業と対面授業それぞれの利点や、オンライン授業の実施に当たり大学側や教員への取り組み、努力への要望が多く表出していました。ここから、学生は現状のオンライン授業、対面授業の混合状態は学習環境として不十分であり、オンライン授業のシステムを活用しつつ、より良い学びを得るために学校側に工夫を求めていると考えられます。

以上の考察より、本稿の結論として、大学教育の授業形態を思案する上では、学生からの中間的な意見に現れる大学や教員への要望をしっかりと認識し、理解することが必要だという見解を示し、今後の議論の進展に期待したいと考えます。

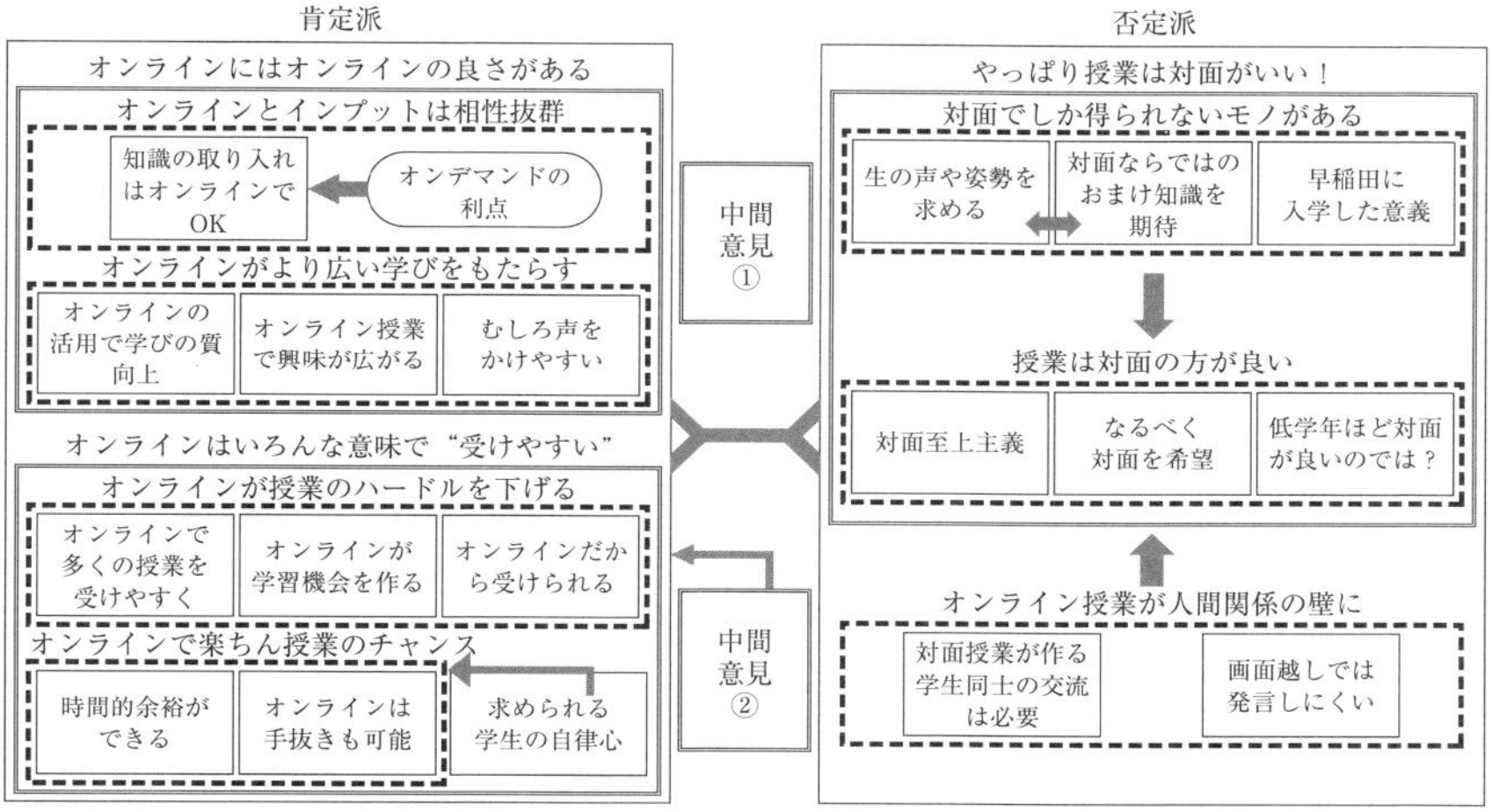

図3　対立関係

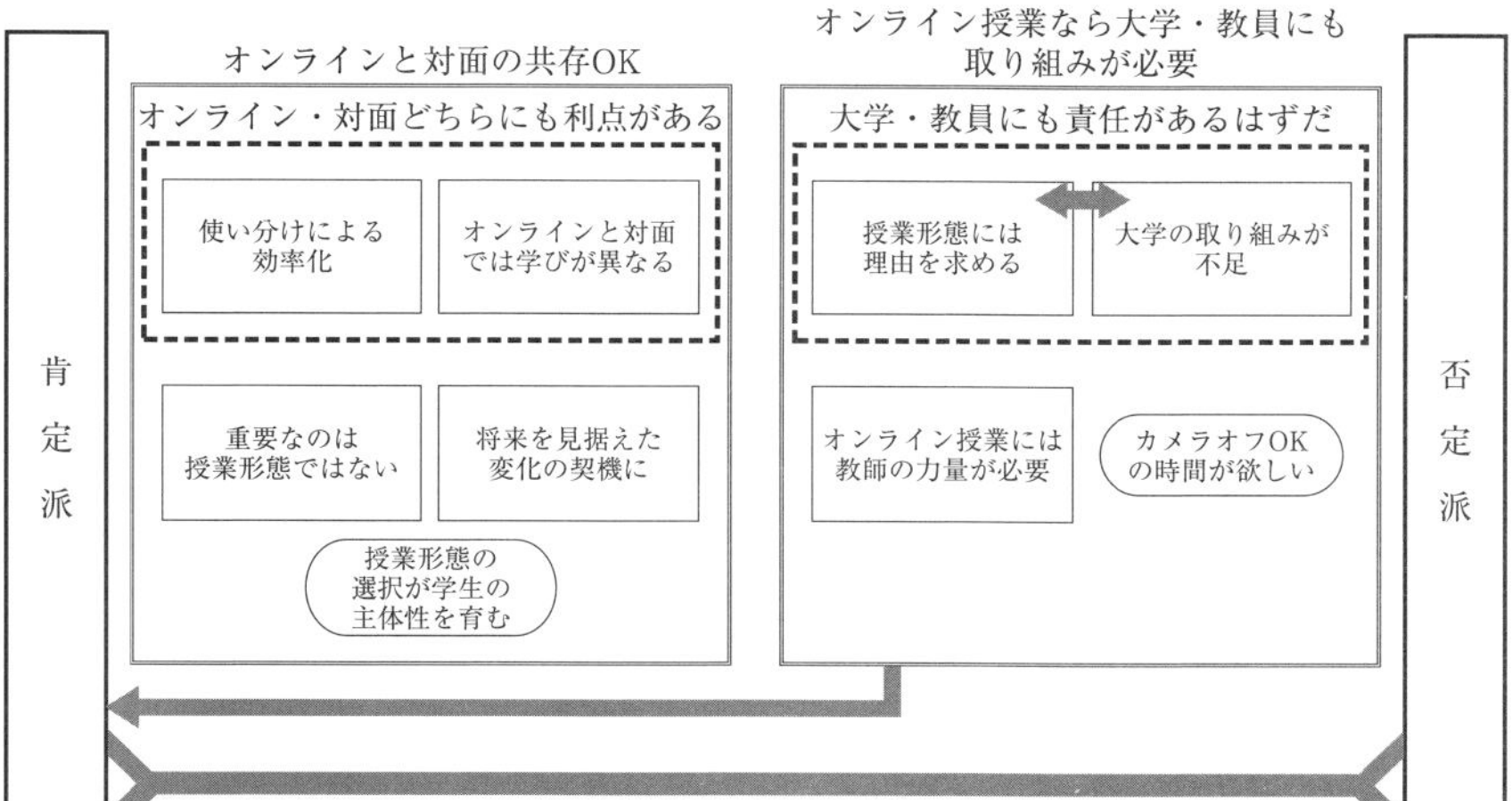

図4　中間意見

変わる大学・変わらない大学

早稲田大学大学院教育学研究科（学校教育専攻）修士課程　八木　悠太

私は、主な概念を六点作成し、その関係について分析しました。図5の線は、矢印が因果関係、Yの矢印が対立関係を示しています。

【オンラインだけにある新たな良さ】

この中の、「オンラインにある理解と集中」は、「何度も聞き返せる」という意見がありました。繰り返し聞けると知識定着が図れると思います。「時間の効率が良い」は、「アルバイト等との時間のやりくりができる」「移動時間がかからない分、自分が動きやすいような形で生活できる」という意見がありました。「オンラインなら授業の壁が低くなる」は、四つの壁があるのではないかと分析しました。一つ目、心理的な壁です。これは、「オンラインのほうが話しやすい」という意見です。周りの目を気にせず話せるというメリットもあるということが分かりました。二つ目、物理的な壁です。これは、「オンライン授業では受講人数制限が無くなり、好きな授業を受けることができる」という意見です。三つ目、特別配慮の壁です。例えば足を骨折して通学が難しい学生や、朝腹痛で通学が難しいような持病をもってる学生も一限目から授業を受けるこ

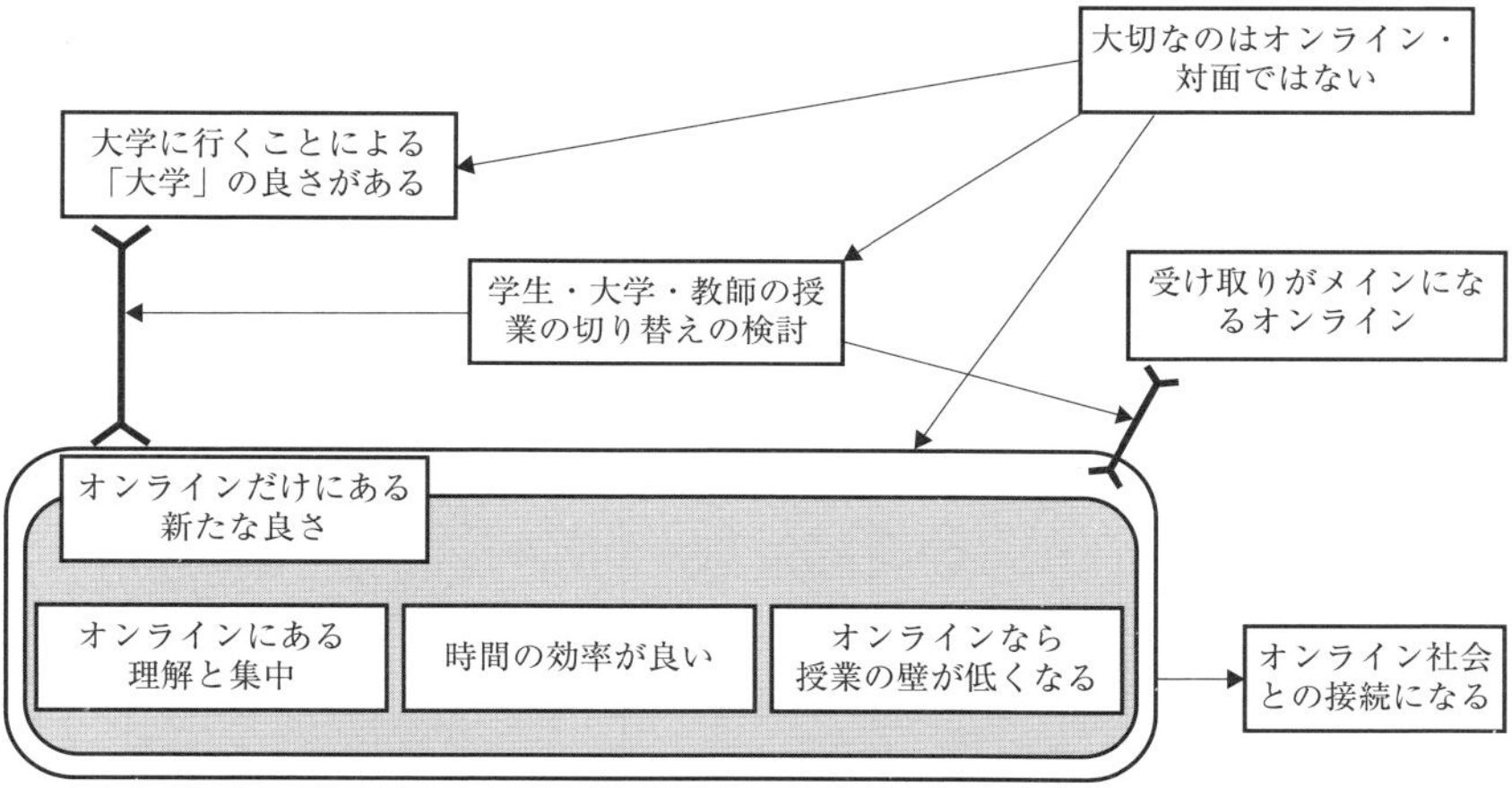

図５　対面・オンライン授業の学生意見の関係図 (KJ 法)

とができるということで、私は「特別配慮」という名前を付けました。四つ目、大学の壁です。これは、「他大学の履修が可能になる」という意見でした。これをもっと考えていきますと、例えば早稲田大学が他大学と単位互換制度を締結したら、オンラインで他大学の科目履修をすることができるということです。話を広げますと、海外の大学の授業を履修することも将来的には可能になるかもしれません。例えば二限早稲田、三限ハーバード、四限オックスフォード、五限京都大学というカリキュラムも可能かもしれません。

【オンライン社会との接続になる】

これは、コロナ禍で本格的になった、テレワークや在宅勤務との親和性があるということです。

【受け取りがメインになるオンライン】

これはオンラインのデメリットの部分です。授業が受け身になってしまうことが問題に挙げられていました。その中身の一つ目は、「オンラインでは主体的な態度が求められる」という意見です。オンラインは受け身でなく、自分で主体的に学ぶ姿勢が求められます。二つ目、「オンラインは一方通行になりやすい」では「知識伝達型の講義はオンラインでいいのではないか」という意見がありました。三つ目は「一年生は、やはり対面を重視すべき」という意見です。「友達づくり、コミュニティーづくりにオンラインは向かないのではないか」という意見が見られました。四つ目は「アクティブラーニングや論文指導はやりにくい」という意見です。対話や双方向型の授業は、やはりやりにくいところがあるようです。五つ目は「授業の雰囲気が分からず発言しにくい」です。「間合いや話すタイミングはオンラインでは計りにくい」といった意見がありました。

【大学に行くことによる「大学」の良さがある】

この中身の一つ目は「対面でないと得られない授業のメリットがある」です。授業内容からの思わぬ逸脱に関しては、対面でないと得られないものです。この逸脱が結構大事だったりすることもあると思います。二つ目は「実際の声や、講師の熱量が伝わる」ということです。これは生で受けないと伝わらないもの、オンラインでは伝わらないものだと思います。三つ目は「やっぱり大学は通学したい」です。通学が基本の大学に入学したので、やはり通学を基本としたいという意見がありました。四つ目は「対面を基本として、オンラインは補助的に使いたい」です。対面授業においてMoodleで資料をアップしたり課題を提出したりする形を希望するというものです。五つ目は「授業だけでない大学の良さがある」です。やはり、オンラインでは友達とネットワークが作りづらいので、授業前後の時間で友達に声をかけるといったことは、対面でないと難しい面があります。六つ目は「留学生の文化体験に支障が出る」です。キャンパスに通わないと日本文化を体験することは難しいと思います。七つ目は「あこがれの早稲田を体感したい」です。濱中先生のご説明にもありましたが、早大生としてキャンパスを歩きたいという思いで受験をしたと思うので、これは歩かないと満足できないと思います。理論ではなく気持ちの問題ですが、とても大切だと思います。

【学生・大学・教師の授業の切り替えの検討】

オンラインと対面が効果的・効率的になるよう授業形態を切り替えることが大切になります。この中身の一つ目は「授業内容と方法のマッチングが大切なのではないか」です。具体例としては「インプットはオンラインで、アウトプットは対面のほうがいい」という意見がありました。二つ目は「学生がオンラインか対面かを選択したい」です。学生が主体的に、対面かオンラインかを選びたいという意見もありました。三つ目は「大学としての共通のオンライン対応が必要」です。これは、対面・オンラインはある程度基準が必要なのではないかという意見です。四つ目は「機器操作、トラブルへのサポート体制が欲しい」です。五つ目は「オンラインが『楽単』化を招いている」です。授業内容、単位認定についても、ある程度の大学の基準が必要になると私は考えました。

【大切なのはオンライン・対面ではない】

これは、全体から離れたところにある概念ですが、全ての概念に影響を与えていると私は考えました。この中身の一つ目は「対面・オンライン、そんなの関係ない」です。これは、「オンラインでも、学生と教員とは、コミュニケーションは取れるのではないか」という意見がありました。そして、私が分析で一番悩んだ、「卒業できれば、オンライン・対面どちらでもよい」という意見です。悩んでいたときに矢野眞和先生から「カードの奥にある気持ちを読み取ることが大切」と教えていただき、その指導をもとにカードを改めて見たら、「わざわざ学生はこの意見をオンラインで送ってきた」ということに気がつきました。その奥にあるものは何だろうと考えると、オンライン・対面は関係なく、オンラインはツールだということを伝えたかったのではないかと私は解釈しました。ですから、上位概念に「そんなの関係ない」という名前を付けました。二つ目は「オンラインはツールで中身が大事」です。この中には「オンラインでは、授業をする教員の力量が大いに求められる」というのがありましたが、これは対面でも求められるものなのではないかと考えました。学問を学ぶ上では、オンラインでも大きな支障はなく、学生の主体性や教員の思い、そういったものが大事になってくると思います。「グループワークが大切で、オンラインでも対面でも構わない」では、授業の内容・方法が大切であって、オンラインはあくまでもそれをサポートするツールなのではないか、と私は分析しました。

オンラインがツールということが見えてきたことから、真に大切なのは授業内容、教員・学生の姿勢や思いなのではないかと私は考えました。そこから私は「教育とは」「大学とは」「大学教育とは」という大きな問いが見えてきたような気がします。

まとめと考察です。オンライン・対面、それぞれのメリットを生かした授業をするためには、その授業形態が生かせるような授業の組み立てが必要です。知識伝達ならオンライン、アクティブラーニングなら対面というような、授業形態の特徴を生かした授業が展開できればいいと思います。授業形態の切り替えのルール作りは、大学としての一定の基準作りが今後も求められると考えました。そして、これらの調査から、「教育」「大学」「大学教育」とは何かを、もう一度考える必要が出てきているのではないかと私は考えました。もしかするとこれは、コロナ前からではなく、学校制度が始まった明治時代からずっと続いているものであり、私たちが受け取り、次の世代に伝えていかなくてはならないものかもしれません。

オンライン授業からハイブリッド授業へ

早稲田大学人間科学学術院教授　森田　裕介

皆さん、こんにちは。よろしくお願いいたします。私は、元々教員になりたくて、東京学芸大学の教育学部・大学院教育学研究科で小学校・中学校・高校の理科の教員免許を取得しました。その後、東京工業大学大学院に進学しまして、今回のテーマに関係するような遠隔教育の研究や実践を経験しました。それ以降、私は、オンラインの授業に二〇年以上関わっています。二〇年間、「オンライン授業って何のメリットがあるのだろう」、「どのようにしたら、よりよい教育ができるのだろう」ということを考えてきました。東工大院生時代、私は遠隔教育に対してかなり懐疑的・批判的な考えを持っていました。例えば、衛星を使った遠隔授業のティーチングアシスタントをしていた時には、「何で一時間三〇〇、〇〇〇円も費やして遠隔授業をやるのだろうか」、「対面授業がいいに決まっている、先生が教室に行って対面で授業すべきではないか」と考えていました。また、「子どもはコンピューターの前に座っているよりも体を動かすべきだ」と思っていました。この「〇〇するべき」という信念のようなものを、ここでは教育観と呼ばせていただきます。私は、オンライン授業において多様な議論を引き起こしている要因は、この教育観の相違ではないかと考えていますので、後ほど持論を述べさせていただきます。

現在、私は本学の大学総合研究センター（大総研）副所長を拝命しております。教育方法研究開発部門（Center for Teaching, Learning and Technology: CTLT）の部門長として、本学教員を対象としたファカルティデベロップメント（ＦＤ）や授業支援に携わっております。ご承知のとおり、コロナ禍ではオンライン授業の推進をしてきました。また、現在は、ポストコロナを見据えてオンライン授業からハイブリッド授業への移行を推進しています。オンラインと対面を適切に組み合わせた「反転授業」は、ハイブリッド授業のひとつの形態です。「反転授業」は、世界中で研究が進められていますし、教育効果も検証されています。人間科学部（人科）では、二〇〇三年に人間科学部通信教育課程ｅスクールを設置した経緯から、通学している学部生にもオンライン授業を活用してきました。そのため、二〇〇八年ころからブレンド型授業という名称で「反転授業」を実践しています。私は、人科でオンデマンド授業を五年間くらい経験した後、二〇一三年から反転授業を始めました。これまでの授業のやりかたやノウハウをすべて投げ捨てなくてはならないので、正直怖かったのですが、やってみたら視野がバッとひらけた感じがしました。

ＣＴＬＴは、大学全体の教育を支援するため、そして、今後の教育支援の方向性を議論するため、学内外の調査資料を参照しながら議論を進めています。ＣＴＬＴが中心となって実施した調査については、濱中先生がご説明くださいましたとおりです。それ以外にも、大学基準協会が大規模な調査を実施しています。私も委員の一人として参加しておりました。また、日本私立大学連盟が学生を対象に調査を実施しています。それぞれ要点をまとめておきます。

まず、大学基準協会の報告書についてです。この調査では、日本の国立、公立、私立四五二大学が回答をしています。集計結果から、コロナ禍でオンライン化が進んだのは講義形式の授業であったことがわかりました。実技や実習は、オンライン化はあまり進みませんでした。その後、二〇二〇年の秋学期には、オンライン授業が大きく減少し、実技は大きく増加しました。ポストコロナを想定した質問においては、六三・三%の大学がハイブリッド型、つまり、対面とオンライン組み合わせた授業を実施することが望ましいと回答しています。また、オンライン授業の課題については、「授業準備に係る教員の負担が増大している（八六・五%）」「学生に課す課題が多くなっていた（八五・二%）」「教員の努力、資質にばらつきがあり、対面授業と同等の質が保たれているか不安である（七九・二%）」「オンラインの授業に対応する学内リソースが不足している（七〇・〇%）」という回答を得ました。さらに、二〇二〇年度に、ストリーミングの環境、リアルタイム配信の環境、スタジオ環境の整備をした大学が多かったことも明らかになりました。他大学では、大総研のような組織が存在しない状態でオンライン授業の実施を余儀なくされた大学も多かったようです。本学は、二〇一九年の時点で、一、六〇〇科目がオンデマンド化され、延八七、五六八名の学生がオンデマンド授業を受講した実績がありました。また、オンデマンド授業を実施するためのノウハウを蓄積していました。二〇二〇年四月にＣＴＬＴ拠点を七号館一階に開設し、それらの知見の蓄積をもとに、コロナ禍の対応をさせていただいたという次第です。

次に、私立大学連盟の報告書についてです。この調査では、私立大学に在籍する学生約五万八千人が回答しています。集計結果から、先ほど紹介された結果と同じような傾向が明らかになっています。例えば、オンライン授業受講に関する改善要望を三つ選択する設問においては、「授業は録画して公開してほしい（三九・一％）」「レポート提出課題を減らしてほしい（三四・六％）」「レポート提出課題に対するフィードバックがほしい（二二・〇％）」といった項目の回答数が多いことがわかります。健康への影響についても、二二・一％の学生が改善要望として選択をしていました。オンライン授業のメリットとデメリットについては、皆さんが発表してくださった内容とほぼ同じでした。

二つの調査報告書を踏まえて、今回の調査結果を振り返ってみますと、本学全体の調査結果と私立大学連盟の調査結果は、おおよそ同じような傾向であることがわかりました。一方で、今回の調査では、より詳細な事実も明らかになっていました。特に、教育学部の学生に特徴的なデータも示されました。これは大変興味深いことです。ステレオタイプ的な見解で推測の域を出ないのですが、教育学部に在籍する学生さんは、どちらかといえば、対面でのコミュニケーションを好む傾向があるのかもしれません。

ＣＴＬＴでは、各学部や大学院において修得する授業内容、教員の特性、学生の特性を考慮し、よりよい授業へと改善していくよう支援をしています。ＣＴＬＴがハイブリッド授業を推進する理由は、対面かオンラインか、ではなく、それぞれの長所を取り入れた授業デザインを考えることが肝要だと考えているからです。特に重要なのは、学生のエンゲージメントを考慮した授業のデザインです。対面授業で比較的よく研究されているのは、行動的エンゲージメント、認知的エンゲージメント、協働的エンゲージメントです。オンライン授業では、先の三つに加えて、感情的エンゲージメントと社会的エンゲージメントを考慮する必要があります。例えば、授業の初回は、教員が学生に話しかけたり、学生同士の自己紹介をさせたりしながら話しやすい雰囲気をつくる工夫をしていますよね。これは、感情的エンゲージメントを高める工夫のひとつです。これまで話したこともない教員を前にして「質問はありますか」と言われても質問しにくいですし、まったく話をしたことがない学生同士に「さあ、議論をしてくれ」と言っても、なかなかできるものではありません。オンデマンド配信授業では、授業動画を視聴させたり課題を提出させたりする前に、質問しやすい雰囲気をつくったり学生がグループで議論を行ったりするなど、ちょっとした工夫が必要です。また、対面授業の場合、学生はお互いに顔見知りになって、授業以外での交流を行うこともあるでしょう。特に、ゼミでは懇親会や合宿を実施し、先輩後輩が交流することによって帰属意識が高まりますよね。オンライン授業では、対面と同じことはできません。しかし、だからといってオンライン授業を否定するのではなく、学生と教員、学生同士が日常のできごとを報告する場を設けたり、イベントを意図的に実施したり、無駄と思えるようななんでもない会話をしたりする努力をすることが授業改善につながると考えています。これらは、ティーチングアシスタントを活用することでより効果的に進めることができるかもしれません。ハイブリッド授業に移行することによって、オンライン授業の足りないところを補完していく工夫をする、ＰＤＣＡを回すことが肝要なのです。

ＣＴＬＴでは、もうひとつ、教育のデジタルトランスフォーメーションを意識して支援を行っています。コロナによる感染症が拡大した二〇二〇年の春、大学教員の多くは、対面授業を置き換えようとしていました。これは、ＳＡＭＲモデルで言うところのＳ（Substitution）ですね。その後、Ａ（Augmentation）の段階の実践をされている教員が増えました。Ｍ（Modification）の段階の実践を行っている教員もおります。何が言いたいかと言いますと、教員の教え方やテクノロジーの使い方は、個人差があるということです。学生を対象としたアンケートの結果からわかるのは、オンライン授業の良さをきちんと理解して、適応しながら学んでいたということです。さすが学生の皆さんは、教員よりも適応力がありますね。あっという間に、Ｍの段階になったのではないかなと感じました。コロナがきっかけとなり、自分にあった学びのスタイルを自律的に構築したり、自己調整学習スキルを習得したりすることが促進されたのでしょう。

最後に、冒頭で少し触れました教育観について述べたいと思います。私は、オンライン授業やアクティブラーニングなど、新しい授業を議論するときには、教員の教育観、授業を受ける学生の学習観を考慮しています。教員の教育観は、自身が受けてきた教育歴が影響して構成されます。私は一九九〇年代、オンライン授業に対して大きな違和感を感じていたとお話ししました。教員は、学生の立って話すのが仕事だと思っていましたし、そうあるべきだと思いこんでいたのですね。オンライン授業に携わることで、ＳＡＭＲモデルが示すように、これまでの対面授業を置き換えるものではないことに気づきました。オンライン授業をうまく活用する、というマインドに切り替えたら、いろいろなことが見えてきました。本学は学部も多様ですし、教員も学生も多様です。オンライン授業と対面授業を適切に組み合わせたハイブリッド授業は、多様な授業を改善するための、ひとつの方向性だといえるでしょう。

以上、ちょっと時間をオーバーしました。ありがとうございました。

フリーディスカッション

早稲田大学教育・総合科学学術院　教授　濱中　淳子
早稲田大学人間科学学術院　教授　森田　裕介
早稲田大学大学院教育学研究科（学校教育専攻）修士課程　八木　悠太
早稲田大学教育学部（教育学科生涯教育学専修）三年　林　佳輝
早稲田大学教育学部（社会科公共市民学専修）二年　金子　綾香

濱中：それでは、フリーディスカッションに入りたいと思います。学生たちによる分析、森田先生からの貴重なコメントを踏まえて、いま少し深く掘り下げていきたいと思いますが、このディスカッションから、新しく二人の学生が参加してくれています。学部二年生の金子さん、学部三年生の林さんです。

そのお二人の話から聞いてみたいのですが、おそらくお二人とも、これまでオンライン教育、オンライン授業についてじっくりと振り返ることはなかったのではないかと思います。また、早稲田大学のなかで、オンライン教育をめぐってどのような取り組みをしてきたのか、教員たちがどのように授業の準備をしているのか、どのようにもがいているのかということは、考えたこともなかったのではないでしょうか。

つまり、ここまでの時間で、お二人は「そうだったんだ」という発見があったのではないかと思うのですが、まずは今日の感想、あるいはご自身がオンライン授業に対してどう思っているかなど、自由に話していただきたいです。林さんからどうでしょうか。

林：教育学部生涯教育学専修三年の林と申します。

ここにいる院生の皆さん、そしてそのほかの皆さんも、対面の大学を経験して、それからオンラインになって、それで「オンラインってどうなの？」っていう疑問を持ったと思います。

一方私は、二〇二〇年に早稲田大学に入学をして、最初からオンライン授業の環境でした。オンライン授業が普通だし、「あの時はああだったな」とか、そもそも存在しないなかで、現在徐々に再開している対面授業と向き合っている状況です。その中で私が一番感じるのは、「対面のほうがすごく楽だな」というところです。それは「時間になったら行けばいい」からです。

今回いろいろなお話を聞いて、コロナ禍になったからそうなったのか、それともそもそも起きていたものがコロナ禍で加速しているのか。その見極めも重要と感じました。

例えば冒頭では、教育学部では「課題が多く感じる」という学生が多いという報告がありました。しかしそれは、「教育学部の課題が元々少なかったんじゃないのかな」とも考えられます。

また八木先生がおっしゃられていた、「オンラインか対面かは関係ない」というご意見に、とても納得しました。オンラインがスタンダードな世代にとって、授業形式ではなく、結局そこで「何をやってるか」を重視しているのではないでしょうか。さらに言えば、いつの時代も楽に単位が取得できるいわゆる「楽単」の需要が大きいことは否めません。そのニーズを満たしていれば、それがオンラインでも対面でも構わないのではないでしょうか。そしてこれは授業として人気が高いものでも同様のことが言えるでしょう。

濱中：ありがとうございます。林さんは、おっしゃってくださったように、二〇二〇年の春に大学に入学されたんですよね。ほぼすべてオンラインという大学生活のスタートだったわけですが、その翌年に入学した金子さんは、また状況が少し違うのではないでしょうか。金子さん、感想やコメントなど、どうぞよろしくお願いします。

金子：教育学部二年の金子です。先ほどのお話がとても素晴らしく、自分が大丈夫なのかってい う部分はありますけど。オンライン授業と対面授業が、私は半々で受けるっていう感じだったんですけれども、対面の授業では、ほんとに学部の同い年の友人たちと交流が盛んといいますか、話し合いつつ、「授業の内容でこれが分からなかった」などと気軽に聞けていたので、そういうところが良かったなって思っていて。

オンラインの授業で、先生たちがボタンに手間取っていらっしゃったり、スライドが動かなくてあたふたしていたりというところは、何か今回のお話で、そういうことだったんだなと、妙に納得いたしました。

濱中：ありがとうございます。それでは、林さんが触れられた「課題」の観点から議論を始めてみたいと思います。オンライン教育に移行した際の課題のあり方、その多さについては、早稲田だけではなく、他大学でも確認されたものだったはずです。林さんからは「課題の多さが教育学部オンライン授業の改善点として挙がったのは、それまでの課題が少なかったからではないか」

という仮説を出していただきまして、私自身、それは言い得て妙だと思いました。

そして同時に、この「課題の多さ」という課題は、もう一つの問題として取り上げられた「課題が提出できているかどうかがわからない」というものとセットで考えるべきところがあるともいえます。技術的な観点の不安からくる問題ではありますが、言い方を変えれば、教員がフィードバックをしていないためにそのような不安を感じてしまった、ということです。フィードバックが十分ではないというのは、オンライン授業に内在する問題ではなく、コロナ禍以前からみられたことであるはずです。それがオンライン授業になって、問題として顕在化してしまった。教員の顔がみられない環境で、原則課題提出が単位取得につながるような状況で、不安が膨らんでしまった。そのようなことだったのではないでしょうか。チャットからは「『課題が多い』という声を、教育学部はどのように受け止めるのですか」という質問がきていますが、私個人の意見を申し上げますと、フィードバックが機能すれば課題の意義もより明確になり、少なくとも「なんのためにこんなに多くの課題をやっているのだろう」といった類の不満は解消されていくのではないか、と思っています。

さて、ここでさらにチャットに挙げてくださった質問で、小出さんの発表に対するものを取り上げてみたいと思います。次のような質問です――「肯定派、否定派の意見それぞれは整理されていて、面白いと思う。そして中間派の意見を取り入れなければならないという結論も理解できるし、大事だと思う。ただ、中間派の意見を取り入れたところで、否定派の人たちは納得するのだろうか」。

小出さんのご発表では、中間派の意見を踏まえた改善策や説明の重要性が指摘されたわけなんですが、そのような対応をしても、「『いや、絶対対面授業がいい』という学生たちは納得するのか」という質問になります。森田先生のご意見をうかがってもよろしいですか。

森田：ありがとうございます。そういう方はいらっしゃると思いますし、オンライン授業を否定している学生や院生さんに対しては、オンライン授業を強制する必要はないと思うのです。そのために、対面の授業とオンラインの授業をバランス良く配置するということが、カリキュラム上必要になってくると思います。

教員組織は、例えば学部や学科、コースによって、どのぐらいの割合でオンライン授業を配置するのか議論をする必要があります。また、なぜこの授業はオンラインで実施するのかを明確にし、カリキュラムデザインをすることが一番肝要だと思いました。納得するか、しないかというよりも、それが大学教育のゴールである卒業に向かっていった時に、授業の位置付けがきちんとされているのであれば、それを学生に説明すればよいのかなと思いました。

濱中：ありがとうございます。「なぜ、オンラインなのかを説明する」というのは、おそらく今回の講演会の一つのポイントになってくるかと思います。いまの現状はどうなのでしょう。八木さん、ここでは「修士課程の学生」のお立場でお答えいただきたいのですが、これまで受けてきた授業のなかで、なぜこれは対面でやるのか、なぜこれはオンラインでやるのかという説明を、担当教員から受けたことはありますか。

八木：大体の先生が、一五回の回数を最初の授業の時に提示して、「大体この回数の、この辺でオンライン入れます」とか、「リアルタイムにします」とか、「オンデマンドにします」っていうのを最初にアナウンスしてくださったので、やりやすかったかなと思います。授業によっては、「ここまでは講義形式になるので、全部オンデマンドでいきます。この後はディスカッション入るので、対面に戻します」というような形で説明があった授業がありました。

濱中：ありがとうございます。では、林さんに聞いてみましょうか。どうでしたか。

林：確かに講義形式の明示はされていました。ただ、その講義形式になった理由に言及がされたことはほぼありませんでした。唯一語学の授業で、「私は本当は対面でやりたいんだけど、上からどうで、こうで」みたいなお話を聞いたのが一回ぐらいあったかな、くらいです。

「何でこの授業がリアルタイム配信型で行われているのだろう」と思うものはありましたし、そのような授業を受講している際には講義形式の理由について知りたいと感じたことはあります。

濱中：ありがとうございます。また八木さんとは異なったご指摘でしたね。大学院と学部の違いなのか、それとも領域の違いなのか。金子さんにも同じ質問をしてみたいと思います。金子さん、いかがでしたか。

金子：講義形式のオンデマンドか、オンライン授業かっていうのは、レジュメから大体変わらない形で、そういうふうになってるんですけど、先生によっては、いろんな県に移動されていたりするので、「それで講義形式を変えます」というふうなこと以外は、あまりないです、理由の説明は。

濱中：いろんな県に移動するから形式を変える、というのは、出張があるからオンラインにします、ということでしょうか。

金子：そうです。他の県に、家が他の県だったりして、そこで授業をっていう感じです。

濱中：森田先生、どうでしょう。

森田：貴重なご意見ありがとうございました。ファカルティディベロップメントという教員向けの研修があるんですけど、そこできちんと伝えたいと思います。これから全ての学部の授業が一四回、一〇〇分授業に切り替わるので、シラバスをきちんと書くよう会議を通じて教員には指示がでています。「この回はオンデマンドです。この回は対面です」ということは、きちんと明記されるようになるはずです。

ちなみに人間科学部は、一〇〇名以上になった場合には、オンデマンド化するというルールを一つ作ってます。理由は、一〇〇人以上になると、後ろの学生さんがYouTubeを見たりとか、Twitterを見たりすることがあります。アクティブラーニングで実施することも可能ですが、オンデマンド授業でより効果的に実施できる可能性を検討しています。

もう一点、ワセ会議というのが早稲田にはありまして、学生のほうから「実際に授業のやり方を変えさせてもらうための意見を言う場が欲しい」という提案がありました。それについては本部も納得をして、アンケートの中に入れていくということになっています。（参考 https://www.waseda.jp/inst/sjc/news/664）

濱中：ありがとうございます。授業デザインに詳しい森田先生に教えていただきたいのですが、講義であれば、「オンデマンド『が』いい」のか、「オンデマンド『で』いい」のか。このような質問を投げかけたとすれば、どうお答えになるでしょうか。

森田：学生が三〇〇人いても、学生を惹きつけられる教授技術を持った先生はいます。劇場型の授業が得意な先生ですね。また、脳科学の見地から、ひとつの会場に集まる意義も分かり始めています。そういった意味では、大規模授業であっても、対面で実施する授業が一定程度はあっていいはずです。Waaseda Vision 150を見ていただくと分かるのですが、一斉授業をゼロにすることにはなっていません。ただ、すべての教員ができるわけではないので、教員のパーソナリティ、教授技術、学修内容を踏まえて、カリキュラム検討委員会などで議論するのがよいと思います。

濱中：ありがとうございます。おっしゃるとおりだと思います。劇場型授業が上手な先生もいれば、苦手な先生もいる。他方でオンデマンドのほうが、魅力が伝わりやすい教員というのもいらっしゃるのかもしれません。早稲田大学には、かなり多くの教員がいますし、授業スキルも様々です。今回のアンケート調査、自由記述には「オンラインか対面かは関係がない」といった意見も書かれていたのですが、こうした観点からこの意見を取り上げるということもできるのかもしれません。

ただ、授業の形式については、次のようなこともいえるように思います。つまり、言葉を選ばずに言えば、「対面授業はごまかせる」。例えば、学生が発言し、もう少し考えてもらいたい、整理してもらいたいということがあったとします。対面授業だと、そういった指示を表情で伝えることができるんですよね。「うん？」みたいな返しができる。それで学生も気づく。けれども、オンライン授業だとそれは不可能で、きちんと言葉で伝えなければならない。しかもこうした類の指摘はきつくなりがちなので、そのあたりも考慮しなければならない。リズムよく進めることができず、時間も要する点ではないかと思います。

ここで、バトンを森田先生に渡したいと思います。いかがでしょう。

森田：おっしゃるとおりだと思います。私の例で恐縮ですが、早稲田に着任した際、通信教育課程のe-schoolでは、かなり厳しいご意見をいただきました。前任校の長崎大では、学生も人が良いので、教員として甘えがあったことを自覚しました。オンライン授業では、それが表に出てくる。早稲田には、これまでも楽単科目と呼ばれる授業がマイルストーンに書かれていました。

濱中：ありがとうございます。八木さんに、今度は「小学校の教員」の顔になっていただきたいんですけれども、小学校のオンライン授業でのご経験から何かありますか。小学校ってどうなんでしょう。

八木：オンライン経験は一年半ぐらいあります。基本は、黒板で授業しているものを、ノート型パソコンのカメラを通して必要な家庭に配信するという形になります。

画像が粗くなってしまったりといったことはこれから改善していく必要はあると思います。小学校では低学年の子どもたちが、一人で受けるのはなかなか難しいですし、チャットもまだ打てませんので、どうしても親が横に付いて、サポートしていく必要があると思います。

一般論にはなりますが、オンラインを通じた友だちトラブルの指導は必要だと思います。

濱中：ありがとうございます。なるほど、そうですよね。

では、また大学に視点を戻しまして、林さんのご意見を聞いてみたいと思います。林さん、先ほど「対面のほうが楽。行けばいいから」といった内容のことをおっしゃっていましたが、ほかに「対面か、オンラインか」という点について何か思うことはありますか。「何かオンラインのほうが厳しいな」など、そのようなことを感じたことはありますか。

林：課題の部分にはなるのかなと思います。無論ルール的に課題を設置しなくてはならないのは承知していますが、そこが同時にネックにもなっていると思います。特にリアルタイムではなく、オンデマンド型の授業に、そういう厳しさがあると思います。個人に委ねられている部分と視聴期限というシステムが悪い意味でかみ合っている現状です。

その点で対面には新たな要素が加わると思います。先ほど森田先生がおっしゃった、帰属意識の部分です。教室に七〇～八〇人いて、誰も帰らなかったら、帰ろうって思わないじゃないですか。一方自宅で一人で講義動画を見てて、まだ視聴期限にゆとりがあったら、一時停止して休むことも容易なわけです。そういった「後でやろう」の積み重ねがあとで自分自身に降りかかってくる。自分の甘さから来る厳しさが、やはりオンデマンドのほうが強いのかなと感じます。

濱中：ちなみに、オンライン授業で「この先生、厳しいなあ」と思った先生はいましたか。

林：オンライン授業で厳しかったと記憶している先生はいません。ただ「オンラインのほうがいいや」という先生の選択があったのではないかと感じたことはあります。

濱中：どういうことですか？

林：それは授業がより良く伝わる手法としてオンライン型を採用していると感じた経験がないということです。

例えば、リアルタイム配信型で行われていたある授業では、先生学生ともに画面オフのまま、先生がスライドを読み上げるだけでした。更にその場では一切質問を受け付けず、リアルタイムで授業を行う意義を一切感じませんでした。

濱中：リアルタイムで？　そんなことが？　質問もできず？

林：対面であれば、授業後にその場で聞けばいいと思いますが、それが「メールでないと駄目です」とか、「この時間にメールしてください」とか。そこまでされたら質問も忘れてしまうし、そこまでして質問する気にもなりません。

大学の先生方の業務が多岐にわたることが問題になっているのは、ここにいる皆さんはご存知と思いますが、やはりその中で、「できればオンラインのほうが、こっちも助かるな」という理由でオンラインを選択していると感じる経験はありました。

濱中：金子さん、今の林さんのご意見に触発されて、何かありますか。

金子：先生の好みが、授業形態に反映されるなとは思います。フレキシブルに予定変更できるようになったとポジティブに捉えるべきではないでしょうか。私自身体調不良で、ほんとに一限行くのつらかったりとかする時は、オンデマンドにならないかなって思う時もあって。学生、先生、好みはあると思いますね。

濱中：ありがとうございます。森田先生、お願いします。

森田：さきほどのお二方の発言に、教育とは何かを考えるヒントがあると思います。教室に来るということは、その授業を受けるということですよね。そして、教員も活動をしている様子を見ることができる。ところが、オンデマンド授業では、学習している様子を確認することができない。そのため、課題が増えるのです。また、学習者によっては、先延ばし行動をしますので、教室に来るという行為が重要になってきます。自己調整学習（Self-Regulated Learning）スキルが重要なんですね。

濱中：ありがとうございます。様々な意味でコントロールが難しいというのは、たしかにありますよね。いま、森田先生から「先延ばし」について話がでて、それはある意味「時間のコントロール」という観点から考えることができるかと思いますが、ここで少し関連した話題へとつなげてみたいと思います。

私自身、早稲田大学の教員になったのが二〇一九年で、今年で四年目になるわけですが、早稲田の学生をみていて、そして実際に話をきいて強く思うのが、「早稲田の学生は、授業以外での学び、課外活動やキャンパス外での学びをとても大事にしているんだな」ということです。なぜ、早稲田の学生が、授業ではない活動に積極的意味を見出すのか。もしかしたら、早稲田の学生のなかには、授業に不満を持ち、授業ではないものに学びや成長の場を求めるようになったという人もいるかもしれませんが、いずれにしても、サークルやインターンシップ、ワークショップ、キャンパス外での活動が持っている意味というのは、早稲田大学の場合、かなり大きいように見受けられます。

木元さんによるキーワードの分析からもうかがえましたし、なにより KH Coder による分析を行ったグループの発表で、オンデマンド授業の魅力は「『いつでも』『どこでも』『好きなように』受けることができる」ところにあるという分析結果が紹介されましたが、学生たちにとって「自分のリズムで」というのは、結構大事なポイントなのではないかと思われます。そのような意味で、とくに早稲田大学の場合、といっていいように思いますが、授業のデザイン、カリキュラムのデザインだけでなく、早稲田で過ごす四年間という時間のデザイン、という視点も含めて考える必要があるように思います。

ここで、また実際に学生たちがどう思っているのか、そのあたりを確認していきましょう。林さんは私のゼミ生ですが、陸上やピアノ、あるいは街づくりといったワークショップなど、様々なキャンパス外での活動にご参加されています。そして実際、その活躍もかなり目立っている、業績も多く残されているわけですが、「時間のやりくり」という点で考えたとき、授業の形式はこういうほうがいいな、ということなど思うことはありますか。「対面がいい」「授業に行けばいいから」というお話もありましたが、そのあたりのことで何か考えることがあれば、お聞かせください。

林：時間のデザインという部分で、オンデマンドの方が設計しやすいとは思います。私はピアノをやっているので、家でないと練習できないので、そういった意味では、確かに「オンデマンドうれしいな」ということはあります。

また自分自身も含め、早稲田の多くの学生が経験を大事にされていると感じます。それは、私であれば授業もそうだし、ピアノであったり、参加した大学主催のワークショップだったり。そういった経験すべてを対等に一つの「経験」として眺めています。

そしてそういった経験を大事にする人の多くが足で稼ぐことを大切にしていると感じます。旅行に行くのもサークルも、何事でもやはり全力で、外で何か足を動かしていくのが早稲田生には多いと感じます。

この「足を動かして」ということがポイントで、なぜかといえば、オンデマンドの授業はその対極にあるともいえるからです。オンデマンドは、時間的に融通が利くという面で活発な学生から歓迎されるものかもしれないけれども、早稲田生にはいまいちフィットしない。そのような印象を持っています。

濱中：ありがとうございます。じゃあ森田先生、お願いしてよろしいですか。

森田：林さん、いろいろ活動されてたりもするんですね。早稲田らしさっていうところで、学外の課外活動をアピールするほうがよいということは以前から言われていました。そうしてできたのが、eポートフォリオです。また、学外の活動を中心にした大学として、ご存じと思いますが、ミネルバ大学が有名です。キャンパスを持たない、七つの国を半年ごとに移動しながら学ぶ大学です。授業はすべてオンラインで提供されます。学生たちは、国を移動し、その場の問題を解決することで学んでいきます。PBL（Project-Based Learning）を四年間行うという大学もオンライン授業を活用すれば可能になります。

濱中：対面とオンライン、学内と学外など、少し話が広がってきたところで、フロアのほうにマイクを渡してみたいと思います。

ここまでの議論を踏まえて、あるいは議論に出てこなかった観点からということももちろんO

Kですが、ご発言されたい方がいらっしゃいましたら、ぜひ手を挙げていただけたらと思います。どなたかいらっしゃいませんか。

金子（フロア）：金子と申します。学生の保護者として発言したいと思います。課題が多いという話がでていましたが、子どもたちの立場からフォローしたいなと思って手を挙げました。

私は課題が五月雨式で出るというところが、オンライン授業を考えるうえでのポイントだと思っています。月曜日から金曜日まで、たとえば毎日四コマ、合計二〇コマの授業をうけるという学生もいます。そして現状は、その二〇コマの授業それぞれが、一つずつ課題を出しているというものです。八〇〇字でレビューシートを書きなさい、この点について調べてきなさい、ということが、バラバラとふりかかってきます。そしてもちろん締め切りも設定されるわけなんですが、またこの締め切りの設定の仕方もバラバラです。あるものは一週間後が締め切り。次の週まで書いてくればいいというものもあります。そしてあるものは、三日後の夜中の二三時五九分までに出しなさい、と。二〇〇〇字、八〇〇字、一、〇〇〇字、二、〇〇〇字、課題の重さもバラバラです。

これがずっと続くというかんじで、自由裁量はなく、ラットレースのように毎日二～三個ずつ片付けて、それでも終わらなければ、日曜日バイトに行かず、サークルにも行かず、課題を全部終わらせて月曜をむかえるという…。課題の多さとともに、煩雑さといいますか、そのような側面もどうにかならないかなと思っています。個人的な希望としては、課題を休む週があってもよろしいのではないかと。ある授業が、一五回の授業のどこか一回、今週は課題をなしにしようかという週を設けてくれたとしても、残りの一九コマは課題を出してくるので、全体としてはあまり変化がないような気もしますが…。

　言ってみれば、一つ一つの授業としては課題の量は適切だけれども、一週間、すべての授業の課題を足し合わせた場合の課題量はどうなのかという…。合成の誤謬《ごびゅう》じゃないですけど、全部を通して、合わせてみた場合に不適切という状態だという見方もあるのではないかと思っています。以上です。

濱中：ありがとうございます。金子さん、いまお話ししてくださったのは、金子さんのお母さま、ということでよろしいですよね？　金子さんご自身から、何か補足ありますか。

金子：今期、二五コマ履修しているんですけれども、それで、ラットレースになっているので。上限四〇コマなんで、四〇コマの上限だけでいけば、結構回せると思うんですけど、私みたいに資格を四つ掛け持ちして、サークルも二つとかなると、結構大変になってしまっていて。そういう学生もいるという一例です。

濱中：補足をありがとうございました。いまのお話はＣＡＰ制の問題という見方もできるかと思いますが、森田先生もおっしゃりたいことがあるかと思います。いかがですか。

森田：ＣＡＰ制というのは、学期ごとに取得できる単位の上限数を決めておく制度ですね。先ほど、いっぺんに課題が出て大変になるという点についてコメントしますと、例えば他の授業がどのぐらいの課題をいつごろに課すのかがシラバスに明記されれば計画的に学ぶことができますね。人科 e-school の事例で恐縮ですが、オンライン授業はとても課題が多くて大変になります。なので、社会人学生は、最初から四年で卒業することを想定していません。

濱中：林さんが冒頭でおっしゃった「教育学部ではそんなに課題が出されなかったのではないか」という話に戻って考える必要もあるかと思います。課題が出されず、授業に出席するだけでよいということであれば、週に二〇コマの授業を入れても、どれだけ習得できるかは別問題として、物理的にまわすことはできたのではないかと思います。二〇コマというのは大変ですが、とにかく授業に行って、先生の言っていることを聞いて帰るという一五週を過ごすことは、できなくはないです。

ただ、コロナ禍によるオンライン授業導入で、教員が「課題を出す」ということを自覚するようになった。ここは大学ですので、基本的には、学生がシラバスを確認し、どれだけ履修するかを自分で判断し、計画をたてていくということになるのかと思いますが、他方で学生任せでいいのか、どこから任せるのか、ということは一つの問いとして成立するようにも思います。そして、先ほどフロアからいただいた「すべての授業を合わせた場合にどうなのか」という問いは、「教育を組織として考える必要もあるのではないか」という視点につながっていくのかもしれません。また、金子さんの例がそうだったように、資格取得ということが絡むと学生の側でできる調整にも限界があるというところもありますし、さらに一年生の場合は勝手がわからず、高校と同じ感覚で授業を詰め込んでしまう。そして課題をうまくこなすことができず、躓いてしまう。これは実際にみられる光景であるように思え、オンライン授業、課題、時間のコントロールといったことをきっかけに、私たちも現状を問いなおす必要があるようにも思われました。あくまで手段として導入されたオンラインですが、結果としてさまざまな課題、問題点が浮き彫りになり、ひいては大学教育のあり方を考えなおす重要なきっかけになった。このように言えるのではないでしょうか。

さて、そろそろ時間ですので、最後にご登壇されている先生、学生さんたちから一言ずつおっしゃっていただいて終わりたいと思います。個人的には、八木さんがご発表のときにおっしゃっていた「大学教育って何なのか」、「大学って何なのか」、あと「早稲田って何なのか」っていう問いがオンラインの延長上として立ち現れてきたということを教えてもらったプロジェクトだったと思っています。皆さんはいかがでしょうか。まず、では、林さんから。

林：今回本当に面白い発見が多かった時間になりました。ありがとうございました。

冒頭六箇条の話がありましたが、[1]「正直うそでしょ」と感じましたし、他にもいくつかありました。

私としては、森田先生が先ほどご説明なさってくださった通り、多様性の部分が印象的でした。私は、正直学生がどこまで教員側に求め続けるんだ、と先生方に同情する感情すらもあります。「対面だけじゃなくて、オンデマンドも入れてほしい。でも、オンラインも入れてほしいけど、でも、どっちかっていうと、やっぱり選ばせてほしい」のように自分の都合を延々と述べ続ける学生に一〇〇%対応する必要はないと思います。一方で先生方も、お一人ずつ得意とすること、不得意とすることがあるし、学生にとってもそれは同じです。またそれらが今度学部によって事情が違うということもあります。

このようにシステムを設計する側としては、とても大変なことだとは思いますが、やはりこれからの時代は細分化して対応していくことも、必要不可欠なことなのだと思います。今回のこの時間をまとめるとすると、「森田先生、頑張ってください」ということになってしまうのでしょうか（笑）。私からは以上です。ありがとうございました。

濱中：では、八木さん、お願いします。

八木：本日はどうもありがとうございました。私、結婚して子どももいますので、オンデマンドの授業は、子どもが寝た後に聞いたりとかできているので、非常に時間の効率は良くなりました。あとは授業ぎりぎりまで家のことやって、オンライン参加とかもできてますので、大変ありがたいです。

その反面、やっぱり対面で直接授業受けたいなっていう思いもありまして、より良い組み合わせを、今後もお願いしたいです。

濱中：ありがとうございます。じゃあ、金子さん。

金子：私自身、資格を取得する学生が、オンデマンドだと増えて、対面だと減るっていう状況に危機感を抱いてきたんですけれども、大学側も試行錯誤しながら、この授業形態が変容していく。そういうところを何か駆け抜けているんだなと思いました。以上です。

濱中：それでは、森田先生、お願いします。

森田：こういった形でオンラインの授業を議論する会があるということが感慨深いです。二〇〇〇年のころ、私も半信半疑でオンライン授業をやっていましたし、多くの方は「対面授業がいいに決まってるでしょ」という感じでした。それを考えますと、これから一〇年後を見据えて、早稲田の教育を構想したり、議論したりするのは良いと思います。ここは通過点でしかなくて、ここから先が重要です。学生の皆さんには、これからもっと先の未来を考えて、いろいろなことを議論していただきたい。教育って何だろうってことも含めて。今回、私もこういった場を与えていただき感謝しております。以上です。

濱中：ありがとうございました。今回のこの講演会ですけれども、学生たちが分析をし、発表も担当する。フリーディスカッションにも登壇するという新たな試みだったんですけれども、私たち教員も貴重な意見に触れることができ、なにより楽しく刺激的な時間になったのではないかと思います。また、こういう学生たちにも積極的に入ってもらう講演会があればよいのではないかということも感じております。最後、結論は「森田先生、頑張ってください」なんでしょうか（笑）。

森田：みんなで頑張っていきましょう。

濱中：そうですね。みんなで頑張っていきましょう。それではこれで終了としたいと思います。ありがとうございました。

《注》

（1）早稲田大学の大学総合研究センターが「オンライン授業に関する調査（二〇二〇年八月）」の結果を受けて設定したウィズ／ポストコロナ時代における授業運営指針のこと。最前線講演会当日は、濱中報告で触れた。以下の六つから構成されるものであり、詳細は https://www.waseda.jp/top/news/70555を参照のこと。
①シラバスへの授業・評価方法の明示
②授業形態に応じた適切な教材の提供
③効果的なフィードバックの実施
④積極的な対話機会の提供
⑤学習目標に応じた計画的な課題のデザイン
⑥様々な学習環境への配慮

「早稲田教育ブックレット」№.29刊行に寄せて

野口　穂高

「早稲田教育ブックレット」№.29は、教育最前線講演会シリーズ35「早稲田大学教育・総合科学学術院オンライン授業の現在地―学生による自由記述の分析から」（二〇二二年一二月一七日開催）における講演と議論をもとに内容を構成しています。教育・総合科学学術院では、オンライン教育実践の検証・記録及び、十分なエビデンスに基づく新たな教育の構築・提案を目的に「オンライン教育調査・研究グループ」を立ち上げ、教員有志による研究を継続しています。また、早稲田大学教育総合研究所では、上述の活動を支援するため、関連する講演会を複数回実施してきました。本ブックレットはこれらの活動の一環に位置づくものです。

講演会では、学部生・大学院生を対象に実施したアンケートの分析を基に、オンライン教育の現状や課題、今後の方向性について活発に意見が交わされました。とりわけ、アンケート結果を学生たち自身の手によって分析する機会を設けた点に、本調査の特徴があります。現代の大学教育は、講義中心の授業から、学生と教員の双方向的な議論を通じた学びへと重点が変化しています。換言すれば、教員主導で企図されるものから、学生と教員とにより協働的に創られるものへと変化したとも言えます。このような大学教育の変容を考えれば、学生たちが授業のあり方について考えたり、学術的見地から分析したりする機会を多数設けることは、益々重要になると思われます。このブックレットが、オンライン教育や大学教育の発展に貢献できることを願います。

最後になりましたが、本ブックレットを刊行することができたのは、「オンライン教育調査・研究グループ」の先生方、アンケートの分析に参加してくださった学生の皆様や助言をいただいた先生方、講演会にご登壇くださった学生の皆様や先生方のご協力のおかげです。また、編集・刊行では教育総合研究所のスタッフの皆様に大変お世話になりました。心より御礼申し上げます。

（早稲田大学教育・総合科学学術院　教授）

著者略歴（2023年３月現在）

濱中　淳子（はまなか　じゅんこ）
早稲田大学教育・総合科学学術院教授　博士（教育学）
略歴：東京大学大学院教育学研究科博士課程単位取得退学。リクルートワークス研究所研究員、独立行政法人大学入試センター助教・准教授・教授、東京大学高大接続研究開発センター教授を経て現職。専門は教育社会学、高等教育論。最近の著作として、『情報技術・AIと教育』（編著）、『大学入試改革は高校生の学習行動を変えるか―首都圏10校パネル調査による実証分析』（共著）など。

木元　千尋（きもと　ちひろ）
早稲田大学大学院教育学研究科（学校教育専攻）修士課程
略歴：早稲田大学教育学部教育学科卒業。専門は教育社会学。

劉　　琦（りゅう　き）
早稲田大学大学院教育学研究科（教育基礎学専攻）博士課程
略歴：北京師範大学日本語学科卒業、同大学大学院国際・比較教育研究院修士課程修了。専門はNGOによる中国農村地域への教育支援。

渡邊　泰斗（わたなべ　たいと）
早稲田大学大学院教育学研究科（社会科教育専攻）修士課程／神奈川県立光陵高等学校教諭
略歴：早稲田大学教育学部社会科地理歴史専修卒業。五年間の学校現場での勤務を経て、現課程。専門は歴史教育。

神内真利恵（じんない　まりえ）
早稲田大学大学院教育学研究科（学校教育専攻）修士課程
略歴：早稲田大学教育学部教育学科生涯教育学専修卒業後、現所属。

劉　　阳（りゅう　よう）
早稲田大学大学院教育学研究科（学校教育専攻）修士課程
略歴：中国の江南大学教育学部教育学（心理教育専攻）卒業。南京師範大学心理学研究科教職大学院修了。教職修士（Ed. M）。中国江蘇省南京市の高校教員を経て、現課程。研究領域は中国の教師教育。

小出　　素（こいで　もと）
早稲田大学大学院教育学研究科（国語教育専攻）修士課程

略歴：早稲田大学教育学部国語国文学科卒業。

八木　悠太（やぎ　ゆうた）
早稲田大学大学院教育学研究科（学校教育専攻）修士課程
略歴：文教大学教育学部学校教育課程社会専修卒業。さいたま市立仲町小学校、同大砂土東小学校教諭。二〇二二年度、自己啓発等休業を取得し、早稲田大学大学院に在籍。所属ゼミは教育社会学。

森田　裕介（もりた　ゆうすけ）
早稲田大学人間科学学術院教授　博士（学術）
略歴：東京工業大学大学院社会理工学研究科博士課程修了。鳴門教育大学助手、長崎大学教育学部講師・助教授、早稲田大学人間科学学術院准教授を経て現職。専門は教育工学。『教育工学研究の方法』（分担執筆）、『ゲームと教育・学習』（編著）。

林　佳輝（はやし　よしき）
早稲田大学教育学部（教育学科生涯教育学専修）
略歴：二〇二〇年より現所属。

金子　綾香（かねこ　あやか）
早稲田大学教育学部（社会科公共市民学専修）
略歴：二〇一二～二〇一八年、Southville International School and Colleges。二〇一八～二〇二一年、私立桐蔭学園高等学校。二〇二一年より現所属。

野口　穂高（のぐち　ほだか）
早稲田大学教育・総合科学学術院教授　修士（教育学）
略歴：早稲田大学大学院教育学研究科教育基礎学専攻単位取得退学、千葉大学大学院医学研究院・医学部特任助教、玉川大学教育学部助教、早稲田大学教育・総合科学学術院講師・准教授を経て現職。早稲田大学教育総合研究所副所長。専門は特別活動、日本教育史。